निशांत पोहरे

ISBN 979-8-89277-301-0

अनुक्रमणिका

पेश-लफ़्ज़

मैं मिज़ाज से या आदत से अपने बारे में कुछ कहने के लिए नाखुश रहता हूँ। शर्मिला हूँ या काहिल हूँ इसलिए नहीं, लेकिन कहने के लिए कुछ खास हैं नहीं, इसलिए। मुल्क में आपातकाल ख़त्म होने से कुछ १० दिन पहले की पैदाइश हैं और हिंदुस्तान में उर्दू मौसीक़ी जगजीत सिंग, गुलाम अली और उस्ताद मेहदी हसन की आवाज में परवाज़ चढ़ रही थी उस दौर की जवानी। मीर, ग़ालिब, फ़ैज़ ओ फ़िराक़ की ये ज़ुबां आँखो के साथ साथ कान के रास्ते होते हुई दिल से आशना हुई और जवानी की दहलीज पर आते आते जो इश्क़ हुआ इस ज़ुबां से, उस मोहब्बत, उस जुनून, उस आशिकी का हासिल ये किताब है।

मैं तबियत से शायराना मिज़ाज हूँ या नहीं ये तो नहीं पता (मेरी पत्नी कहती है कि बिलकुल नहीं हूँ), लेकिन शायर नहीं हूँ इसका अफसोस हमेशा से था और शायद इसीलिए इक तरफ वक़्त के साथ साथ अगर गज़ल और शायरी के साथ राब्ता बढ़ा और सुखन-दानी आयी, तो यही निस्बत अफसोस की इक वजह भी बनी कि अमूमन जिस उम्र में लोग शायरी करना छोड़ देते है, उस उम्र में मैंने शुरू की। अव्वल तो ये कि अगर कभी लिखने का ख़्याल आता भी तो उर्दू शायरी की फ़नकाराना ऊंचाइयों के आस पास भी पहुंच सकता हूँ या नहीं ये डर था और दूसरा ये कि कोई भी शा'इरी, और ख़ास कर उर्दू शा'इरी के दस्तूर जितने सख़्त है उतने ही बेरहम भी। कभी लिखा नही ऐसा नहीं, लेकिन अब तक अखबारों के लिए सिर्फ सहाफ़ती या journalistic किस्म का लिखता आया हूं जहा गद्यात्मक के कायदे कानून इतने वासिक़ नही होते।

ये क़िताब अगर अपने अंजाम तक पहुंची है तो उसके पीछे मेरी ज़ौजा या सही मायने में मेरी better half सबसे बड़ी वजह हैं। पहले पहल जब लिखना शुरू किया तो बाकी आम लोगों की तरह बस अलग अलग सोशल मीडिया प्लेटफार्म पर उसे डालकर खुद के लिए दोस्तों से तारीफ़ बटोरना इतना ही मक़सद था। लेकिन जैसे जैसे मेरे अश'आर में वज़न आता गया, थोड़ी संजिदगी बढ़ती गई, तो उसने मुझे साफ़ तौर पर कह दिया कि मैं उन्हे इस तरह सोशल मीडिया पर ना शेयर करू, बल्कि क़िताब के बारे में तवज्जोह करना शुरू करू।

लिखते वक्त सबसे बड़ा सवाल जो बार बार दिमाग़ में आता था वह ये कि जो लिख रहा हूं, वो उर्दू शायरी की अहम बुनियादी मज़मून पर तलबा की इस्तिदाद जांचने के लिए आज़माईशी इमतिहान में या अगर सरल भाषा में कहूं तो standard assessment task में खरा उतरता हैं या नहीं। कोई भी हूनर, और ख़ासकर कविता करना ये कही भी सिखाया नही जा सकता। आपकी काबिलियत के सबसे पहले मुंसिफ आप ख़ुद होते है, और शायद यही वजह है कि ये क़िताब पूरी करने में 3 साल लग गए। अपना ही लिखा हुआ बार बार दुरुस्त करना, उसे बार बार निखारना, ये तरीका जितना लंबा है उतना ही तकलीफ़देह भी।

तो अब जो भी है, जैसा भी है, आपके सामने है। उर्दू कहिए, हिंदवी कहिए, रेख्ता या हिंदुस्तानी कहिए, हैं तो इसी मिट्टी की ज़बान। मेरी, आपकी, हम सबकी बोली है। इश्क़ की, तहज़ीब की, इंकलाब की और हमारे वतन के सर-बुलंद तारीख़ की बोली है। चाहे तो ठुकरा दीजिए या मोहब्बत से गले लगा लीजिए, किताब आपके हाथ में है !

जिसकी वजह से मेरे मुहमल अल्फाज़ को मानी
मिले और पैकर ए गज़ल मिला,
उस कविता के नाम

ख़ुदा अक्सर नज़र आते है

ख़ुदा अक्सर नज़र आते हैं बेबस बेज़ार बे-दम से
लौट आते हैं जब हारकर वो आस्तान ए आदम से

ख़ामोश मैं हूँ मलूल वो हैं दोनो हैं पुर-तकल्लुफ़
कोई आए तो 'आलम-ए-अफ़्सुर्दगी दूर हो क़सम से

सुकून अब इसी में हैं उस बेवफ़ा से वफ़ा निबाहे
ज़ख़्म-ए-दिल वैसे भी भरते नहीं किसी मरहम से

राह ए शौक़ में फ़रेब ए अहद ए मोहब्बत वाफ़िर मिले
मिले यूँही कुछ 'अहद-ए-वफ़ा के निशाँ भी दरहम से

कैद में हैं इंक़िलाबी सारे फ़लसफ़ी सब सहमे हुए
शा'इर ही आवाज़ उठाए अब शोर करे अपनी क़लम से

****

आस्तान ए आदम - इंसानियत की दहलीज़, मलूल – उदास

पुर-तकल्लुफ़ - संकोच से भरे हुए, आलम-ए-अफ़्सुर्दगी - उदासी का मौसम, वाफ़िर
- भरपूर, 'अहद-ए-वफ़ा - वफा के वादे, दरहम - अस्त-व्यस्त, फ़लसफ़ी - तत्वज्ञानी

उस साहिर ओ जानाँ की

उस साहिर ओ जानाँ की आंखों में क्या क्या ना सराब देखे
देखा हैं वहम ए 'इश्क़ कभी,तो कभी' आलम-ए-ख़राब देखे

लिए फिरते थे जो बसाँ ए जाम ए दिल अपना हथेली पर
सोज़िश ए दिल बुझाने उनके हाथों में प्याला ए शराब देखे

आँखों में चांदनी भर लेते जो इल्म होता तारीक रातों का
सब्र कहाँ शब ए हिज्रा में जो ये सिलसिला ए इज़्तिराब देखे

जाओगे किस मुँह बूतखाने में शरम तुमको ज़रा आती नही
ये मय-ख़ाना नही यहाँ पर तो वा'इज़ फ़र्द-ए-हिसाब देखे

ये सोचकर उसके दर से उठा था के निजात ए ज़ुल्म हो
पनाह के लिए जो भी सहारे देखे सारे बैत-ए-'अज़ाब देखे

*** *** ***

साहिर - जादूगर, सराब - भ्रम, 'आलम-ए-ख़राब - बर्बाद दुनिया, बसाँ ए जाम - जाम की तरह, सोज़िश ए दिल - दिल की आग, इज़्तिराब - बेचैनी, बूतखाने - मंदिर, वा' इज़ - धर्मोपदेशक, फ़र्द-ए-हिसाब - पाप और पुण्य का हिसाब, निजात ए ज़ुल्म - तकलीफों से छुटकारा, बैत-ए-'अज़ाब - वो घर जहा सज़ा दी जाती है

मिसरा उठा लो तुम गर

मिसरा उठा लो तुम गर तो ग़ज़ल ये मुकम्मल हो जाए
अन सुलझे मसले हैं अधूरी ज़िन्दगी के सारे हल हो जाए

वो बस कहानी थीं सोना बन जाता था पत्थर छूने से उसके
तेरी साँसे समा जाए मेरी साँसों में मेरा जिस्म संदल हो जाए

आँसू तेरे रुसवा हो गर तो ये मो'जिज़ा भी कभी नज़र हो
कतरा कतरा समेट कर ख़ुद में ये समंदर भी बादल हो जाए

ज़ख़्म-ए-कुहन से नही आज़ार-ए-'इश्क़ से डर लगता है
हादिसात का ये सिलसिला कहीं ना मुसलसल हो जाए

तपिश ऐसी हैं निगाह ए नाज़ में की बाद ए ज़ब्त ए अश्क
ख़्वाब भी जल जाए आँखो में उसके तो काजल हो जाए

***

मिसरा- शेर की पहली लाइन, मुकम्मल - पूरा, रुसवा - अपमानित, मो'जिज़ा
- चमत्कार, ज़ख़्म-ए-कुहन - पुराना घाव, आज़ार-ए-'इश्क़ - प्यार की बीमारी,
हादिसात - हादसा, मुसलसल- कभी ना खत्म होने वाला, बाद ए ज़ब्त ए अश्क -
बहते हुए आंसू रुकने के बाद

रुक जाओ कहीं राह ए सफर में

रुक जाओ कहीं राह ए सफर में तो बस इतनी निगाह करना
गुज़र जाओ तो वो मकान राहगीरों के लिए 'इबादत-गाह करना

बज़्म-आराइयाँ, ए'जाज़ ए सुख़न, हंगामा ए तौसीफ़ अब कहाँ
मेरा मुक़द्दर हैं सदा ए शिकस्ते साज़े हयात पर बस वाह वाह करना

उसे भूलाना भी चाहूँ तो लाज़मी हैं कि पहले याद तो करना होगा
इस बा'इस-ए-कैफ़-ए-दवाम को फिर ख़त्म क्यूँ बेवजह ख़्वाह-मख़ाह करना

अब बिछड़ ही गए हैं तो ज़रा अदब ए इश्क़ निभाकर जुदा होते हैं
फिर इश्क़ ना हो कभी किसी से हो गुनाह ए अज़ीम ये गुनाह करना

हर्फ फरोशों के बाज़ार में शक्ल बनी नज़्म की ना अश'आर बन रहा
ज़ौक ए शायरी मे कैसे ज़ब्त करे कोई और कब तक निबाह करना

***

निगाह - एहसान, इबादत गाह - पूजा स्थल, बज़्म-आराइयाँ - महफ़िलें सजाना, ए'जाज़ ए सुखन - बातचीत का लुत्फ , तौसीफ़ - प्रशंसा , सदा ए शिकस्ते साज़े हयात - जिंदगी के टूटे हुए तारो से निकलने वाली आवाज़, बा'इस-ए-कैफ़-ए-दवाम - कभी ना ख़त्म होने वाली खुशी की वजह, हर्फ फरोशों - शब्दों के व्यापारी, ज़ौक ए शायरी - शायरी का शौक

साँसे फूँक दे मेरी धड़कनों

साँसे फूँक दे मेरी धड़कनों को वुजूह पहना दे
मेरे बे - लिबास अरमानों को तू रूह पहना दे

पैराहन न सही कोई तरकीब दे मेरे यार जुलाहे
भेद खुल जाए बंद-ए-ग़म के ऐसी गिरह ना दे

एक तरफा खींचा हैं उम्र तूने वक्त की बिसात पर
बस एक चाल तो चलने दे मुझे अभी शह ना दे

बदहवास घूमते हैं बशर परछाइयों की तलाश में
खुर्शीद शर्मिंदा हो नाकामी पर ऐसी सुबह ना दे

तू तन्हा हैं तो उदास हूँ मैं भी तेरी तनहाई से
ये ख़ामोशी तेरी मुझसे कही तेरा पयाम कह ना दे

***

वुजूह - चेहरा, पैराहन - लिबास, बंद-ए-ग़म - दुःख का फंदा, गिरह - गांठ, बशर - इंसान, खुर्शीद - सूरज, पयाम - पैग़ाम

वक़्त-ए-अजल से एक लम्हा

वक़्त-ए-अजल से एक लम्हा तोड़ गया कोई
मुद्दत-ए-मुक़र्ररा की कलाई मरोड़ गया कोई

बा'द-ए-फ़िराक़ तसव्वुर तेरा पूरा हुआ ही नहीं
नींद से पहले ही जैसे अंगड़ाई तोड़ गया कोई

मुकम्मल हैं खुद में रोशन हैं मेरा तख़ल्लुस अब
तुम्हारे नाम के साथ मेरा नाम जोड़ गया कोई

वक़्त की तकरार में यूँ उलझ गए दिन और रात
साँवली सी शाम को लावारिस छोड़ गया कोई

मिली ये जज़ा काफ़िर-ए-मुतलक़ से यारी की
मेरे सफ़र-ए-आख़िरत की राह मोड गया कोई

***

वक़्त-ए-अजल - मरने का समय, मुद्दत-ए-मुक़र्ररा - निश्चित समय, बा'द-ए-फ़िराक़ - जुदाई के बाद , जज़ा - बदला, काफ़िर-ए-मुतलक़ - पूर्ण रूप से नास्तिक, सफ़र-ए-आख़िरत - अंतिम यात्रा

अश्कों में भीगा हुआ एक ख़्वाब

अश्कों में भीगा हुआ एक ख़्वाब आँखों में पलता रहा
तेरी यादों की गर्मी ने बुझने नहीं दिया तो जलता रहा

ना जाने कैसे गुज़रता होगा दिन उसका मेरे बिना
घबराकर अपने ही जवाब से ये सवाल टलता रहा

शबे अलम की आगाही थी तो फ़र्ज़ ए हिमायत
बनके मेरा ताईद आफ़ताब धीरे धीरे ढलता रहा

वो मेरे हैं तो आ जायेगे मिल जायेगे मुझे इक दिन
'आलम-ए-ख़याल में ये ख़याल-ए-ख़ाम भी पलता रहा

वह आखरी ख़त जो लाजवाब लौटा दिया था तुमने
बनकर ख़ामोश अफ़्साना फिर उम्र भर छलता रहा

***

शबे अलम - दर्द की रात , आगाही - जानकारी, फ़र्ज़ ए हिमायत - तरफदारी का
फर्ज निभाना , ताईद - वकील, आफ़ताब - सूरज, 'आलम-ए-ख़याल - काल्पनिक
दुनिया, ख़याल-ए-ख़ाम - व्यर्थ विचार,

छेड़ की बात पर जब

छेड़ की बात पर जब ज़िक्र सर - ए -आम आता हैं तेरा
तोहमत सारी सर आँखों पर लेने ये बद-नाम आता हैं तेरा

बस बैठा हैं तू जहाँ बना कर पर इंसिराम ए रोज़ का क्या
कोई भी तो ऐसा हुनर नही जो यहाँ काम आता हैं तेरा

तेरी निस्बत का सदक़ा मिला ऐसा कि ख़त के जवाब में
रश्क करता हुआ मुझसे मिलने कोई हमनाम आता हैं तेरा

शोहरत तेरे रिवायत-ए-बज़्म की ऐसी हैं कि ग़ालिब भी
गुमान से तकता है उस तक जब दौर-ए-जाम आता हैं तेरा

तेरी शर्म-ए-रुस्वाई के डर से मैं रातभर चाँद बुझाता हूं
सियाह रात का सबब लिए हाय फिर पैग़ाम आता हैं तेरा

***

इंसिराम ए रोज़ - दुनिया का कामकाज, प्रशासन , निस्बत - ताल्लुक,

रश्क - ईर्षा, रिवायत-ए-बज़्म - महफ़िल की परंपरा, गुमान - शक, दौर-ए-जाम -
शराब पीने का दौर, शर्म-ए-रुस्वाई - बदनामी की लज्जा

कल इत्तिफ़ाक़न नज़रे मिली

कल इत्तिफ़ाक़न नज़रे मिली तो पुर-तकल्लुफ़ दुआ सलाम हुआ
बोझल अज़ीज़-दारी थी और हम ना-तवाँ तो किस्सा तमाम हुआ

चली आयी हैं यादें उसकी जब भी नासूर बने हुए ज़ख्म कुरेदने
ये दिल चंदरोज़ा उस बे-वफ़ा ज़ालिम-ए-अज़्लम का मकाम हुआ

ख़त-ए-मुक़द्दर मिटाने की हवस में उलझ बैठे कातिब-ए-अज़ल से
संग-ए-बालिश किया किताब-ए-मुक़द्दस और सरकशी कलाम हुआ

नूर है ना उसके चेहरे पर अब ना एहसास-ए-'आशिक़ी की तरावत
ग़मगीं शम्स ओ माहताब का ये मंजर अब हर सुब्ह-ओ-शाम हुआ

हज़ार बार टूटकर बिखरी है वो "निशांत" तुझे भूलाने की ज़िद में
हुआ तेरे लिए इश्क का इश्तेहार उसके लिए उसका इंतिकाम हुआ

***

पुर-तकल्लुफ़ - जिसमें बहुत तकल्लुफ़ किया गया हो, बोझल - भारी, अज़ीज़-दारी - रिश्तेदारी, ना-तवाँ - कमज़ोर, चंदरोज़ा - कुछ दिनों का, ज़ालिम-ए-अज़्लम - बहुत ज्यादा तकलीफ़ देने वाला, ख़त-ए-मुक़द्दर - लिखा हुआ भाग्य, कातिब-ए-अज़ल - इंसान का भाग्य लिखने वाला, संग-ए-बालिश - वह पत्थर जो सर के नीचे तकिए की जगह रखा जाता है, किताब-ए-मुक़द्दस - पवित्र ग्रंथ, सरकशी - बगावत, कलाम - रचना, एहसास-ए-'आशिक़ी - प्रेम का भाव, तरावत - ताज़गी, ग़मगीं - उदास, शम्स ओ माहताब - सूरज और चांद

नवाज़ा हैं मेरे हर लफ्ज़ को

नवाज़ा हैं मेरे हर लफ्ज़ को इल्हाम हैं जो मेरे लिए
वही कहती हैं सौग़ात दे मुझे तू नज़्म लिख मेरे लिए

तू मौजूद हैं तो हर विराना है जश्न की महफ़िल जैसे
कोरे काग़ज़ पर अपने हाथों से तू बज़्म लिख मेरे लिए

मुजस्समा हूँ मुझको तू रंज ओ ग़म दे कि साँस आए
संग-तराश हैं मेरा जिस्म पर तू ज़ख़्म लिख मेरे लिए

इल्ज़ाम ना दे मुझे बुज़दिली का 'इश्क़ के इस खेल में
आज़मा कर देख मुझे तू राह-ओ-रस्म लिख मेरे लिए

हाथों की लकीरें ही नही तकदीर मेरी और भी कुछ हैं
यक़ीं रख खुद पर और मेरा तू 'अज़्म लिख मेरे लिए

***

इल्हाम - आत्मा की आवाज़, मुजस्समा - मूर्ति, संगतराश - मूर्तिकार, राह-ओ-रस्म
- नियम और कानून, 'अज़्म - संकल्प

हैं कोशिशें भूलने की ब-इफ़रात

हैं कोशिशें भूलने की ब-इफ़रात लेकिन तेरा दर्द जाता नही
हैं बे-हिसी के भी कुछ किनायात लेकिन तेरा दर्द जाता नही

क्या यादें, किस्से, क़ुर्बते, क्या रिफाकत, ख़्वाहिशों, सोहबते
धुँदलें हो गए है सब जज़्बात लेकिन तेरा दर्द जाता नहीं

फ़ज़ा में साँसों की झंकार तसव्वुर में बदन की आहट नही
ख़ामोश हैं अब सारे अस्वात लेकिन तेरा दर्द जाता नहीं

बूझा बुझा सा रहता था दिल अब भरा भरा सा भी नही
ख़ुशगवार हैं सारे 'अलामात लेकिन तेरा दर्द जाता नहीं

फिर भूले से भी न याद किया हमने तुझे भूलाने के बाद
निबाही 'इश्क़ की ये रिवायात लेकिन तेरा दर्द जाता नही

किस मोड़ पर बिछड़े थे क्यूँ हो ना सके शरीक-ए-सफ़र
मिल गए हैं अब सारे जवाबात लेकिन तेरा दर्द जाता नही

होकर परेशाँ मेरे शौक़ ए ख़ाना-ख़राब से मेरा साया भी
कर चुका अब तर्क ए लम्'आत लेकिन तेरा दर्द जाता नही

***

ब-इफ़रात - जरूरत से ज़्यादा, किनायात - *symtoms*, लक्षण, क़ुर्बते - नज़दीकी,
रिफाकत - दोस्ती, सोहबते - मिलना जुलना, अस्वात - आवाज़, ख़ुशगवार - सुहाने,
दिलकश, अलामात - निशान, रिवायात - परंपरा, शरीक-ए-सफ़र - हमसफर, जीवन
साथी, शौक़ ए ख़ाना-ख़राब - खुद को बरबाद करने का शौक़, तर्क ए लम्'आत -
रोशनी से रिश्ता तोड़ना

अफ़्साना-ए-हस्ती मिटी नही

अफ़्साना-ए-हस्ती मिटी नही कुछ ज़काब बाकी हैं अभी
ये भी हो जायेगे कभी पूरे कुछ जो ख़्वाब बाकी हैं अभी

कतरा कतरा रूदाद-ए-ग़म भरते रहे पैमाना-ए-'इश्क़ में
अधूरी हैं फिर भी ये दास्तां ग़र्क़-ए-आब बाकी हैं अभी

आवाज़ में तुम्हारी अब हँसी नही बे-रुख़ी होती हैं अक्सर
तुमसे पूछ न सका उन सवालों के जवाब बाकी हैं अभी

आंखों में उम्मीद की लौ बचा रखी है कि राह तेरी रोशन रहे
शब ए इंतजार में लड़ते हैं आफ़ताब से हिसाब बाकी हैं अभी

खरोच कर तेरी यादों के निशाँ मिटाता हूँ दिन भर लेकिन
तेरी तासीर नही जाती उसकी तब-ओ-ताब बाकी हैं अभी

***

अफ़्साना-ए-हस्ती - जिंदगी की कहानी, ज़काब - लिखने की स्याही, रूदाद-ए-ग़म - प्रेमव्यथा का वृत्तांत, पैमाना-ए-'इश्क़ - *goblet of love*, ग़र्क़-ए-आब - डूब कर मरना,

तासीर - असर, प्रभाव, तब-ओ-ताब - चमक दमक

दलील-ए-सहर की बुझी

दलील-ए-सहर की बुझी हुई शमा रुसवाई हैं तुम्हारी
मजाज़ है नूर-ए-ख़ुर्शीद फरेब ये मसीहाई हैं तुम्हारी

मुख़्तलिफ़ हैं तमाम चेहरे हर शख़्स मुतबाइन यहाँ
हैं तुम्हे राब्ता फिर भी सबसे नज़र हरजाई हैं तुम्हारी

फिरते है बे-ख़ता दीवाने आँखों में कांच के ख़्वाब लिए
ख़बर भेजो उन्हें के हर संग-बार से शनासाई हैं तुम्हारी

हाय ! ये 'इश्क़-ए-क़फ़स उफ़ ये परवाज़ की तमन्ना
बस करम हैं सब तुम्हारा हौसला-अफ़ज़ाई हैं तुम्हारी

बाद मेरे अब जमा करती हो तुम अहल-ए-ज़ौक़ क्यूँ
क्या बूरी थी मेरी गुफ़्तार जो अब भी तमन्नाई हैं तुम्हारी

***

दलील-ए-सहर - सूर्योदय के संकेत, मजाज़ - नक़ली, नूर-ए-ख़ुर्शीद - सूरज की रोशनी, मसीहाई - मसीहापन, मुख़्तलिफ़ - अलग अलग, मुतबाइन - एक दूसरे के बिल्कुल विपरीत, राब्ता - रिश्ता, हरजाई - बेवफा, बे-ख़ता - मासूम, बेखबर, संग-बार - पत्थर मारने वाला, शनासाई - जान पहचान, इश्क-ए-क़फ़स - कैदखाने या पिंजरे से प्रेम, परवाज़ - उड़ान, अहल-ए-ज़ौक़ - वो लोग जिन्हें साहित्य से लगाव है, गुफ़्तार - बातचीत

रोज़ ही जलती हैं वह

रोज़ ही जलती हैं वह जैसे कोई ताबिश अधूरी सी
आंखों में बुझती हैं फिर कोई ख़्वाहिश अधूरी सी

जाते जाते ले गई तुम मेरी पूरी दुनिया अपने साथ
रह गई मेरे पास तुम्हारी बस एक रंजिश अधूरी सी

उसे भूल नही सकता ये ग़ुरूर ना टूटे उसका इसलिए
नीम-दिली से करता हूँ उसे भूलने की कोशिश अधूरी सी

टुकड़ों में ही जिया हूँ अब तक मौत तो कामिल आए
क्या हासिल सूखी ज़मीं पर जो बरसे बारिश अधूरी सी

तेरी आँखों के सिवा दुनिया में और रखा ही क्या हैं
तू ना देखे तो नज़ारा अधूरा उसकी आराइश अधूरी सी

***

ताबिश - ज्योति ,रोशनी, नीम-दिली - आधे मन से, कामिल - पूरा, संपूर्ण, आराइश
- सजावट

इक नज़म

वेटिंग रूम
जाओ ना यार तुम अब बहुत हुआ ये सब

कबसे ठहरी हुई हो मेरे ज़ेहन की ज़मीं पर
बेवजह प्लेटफॉर्म पर रुकी हुई ट्रेन की तरह
ये रुक रुक कर जाना और जाते जाते रुकना
कहाँ की तहज़ीब ए तर्क ए मोहब्बत है भला
ना जाने के लिए नहीं आयी हो ये एहसास तो था
लेकिन इस अंदाज ए रुख़्सत का इल्म नहीं था

और अब जाना है तो चली जाओ ना एक बार

तुम रुकी हो तो मेरे पांव वेटिंग रूम से निकलते नहीं
बार बार नज़र जाती है अब भी उस टाइम टेबल पर
जिसमे तुम्हारे सिवा कभी किसी का arrival था ही नहीं
तुम रुकी हुई हों तो यादों का मेला सा लगा हैं एक
स्टेशन पर लोग जैसे यूँही चले आते है भीड़ करने
तुम चली जाओ तो शायद ये हुजूम भी कम हो जाए

और मैं भी अपना खाली luggage लेकर घर जाऊं

अकेले शेर

मुख़्तसर सा शिकवा था और जुदाई उम्र भर की
क्या हिसाब किताब हैं ये मुंसिफ़ी हैं ये किधर की

मुख़्तसर - छोटा सा, मुंसिफ़ी - इंसाफ

******

ना होकर भी होती है वो बातें बड़ी हसीन होती हैं
ख़यालों में जैसे मेरे होंठ और तेरी जबीन होती हैं

******

उतार दे लिबास मेरी हर नदामत का
यूँ एहतिराम कर तू मेरी नफ़ासत का

***

नदामत - शर्मिंदगी, एहतिराम - आदर, नफ़ासत - पवित्रता

नाकाम नाकारा नज़र आता हैं

नाकाम नाकारा नज़र आता हैं हर बार मुफ़्ती-ए-शहर मुझे
भूख से हारा हुआ मिल जाता हैं जब कोई दीदा-ए-तर मुझे

कैसे बताएँ, किस से कहें , कौन है जो सुनता हैं हाल यहाँ
कानों पर रख के कलम दर-गुज़र करता हैं नामा-बर मुझे

'अलाहिदा रखा है नाक़िद ने लज़्ज़त ए सताइश से लेकिन
तुझ तक मेरा दीवान पहुँचे तो ज़माना समझे नुक्ता-वर मुझे

देखने जन्नत का हाल जब भी गया हूँ कार-ए-सवाब लिए
दहलीज़ से ही लौटता मिल जाता हैं मुझसा कोई बशर मुझे

नस्र-ए-'आरी की तोहमत लगाते है महफ़िल में सुख़न-वर
तू नुमायाँ है हर नज़्म में ये काफी है मेरा 'अर्ज़-ए-हुनर मुझे

***

मुफ़्ती-ए-शहर - नगर का धर्म प्रभारी, दीदा-ए-तर - रोती हुई आंख, दर-गुज़र - नज़र अंदाज़ करना, नामा-बर - खत लाने वाला, अलाहिदा - दूर रखना, नाक़िद - आलोचक, लज़्ज़त ए सताइश - तारीफ़ से मिलने वाली खुशी , दीवान - कवि की रचनाओं का संग्रह, नुक्ता-वर - समझदार, कार-ए-सवाब - परलोक में काम आने वाला काम, बशर - इंसान ,नस्र-ए-'आरी -सीधा-सादा पद्य, नुमायाँ - जो साफ दिखाई देता हो, 'अर्ज़-ए-हुनर -कला का प्रदर्शन

'इस्मत आपा के नाम'

पाकीज़ा हैं पर हमेशा से रही हैं सामान ए दग़ल-ए-नियत
रिया-कार हैं ये मु'आशरा रिया-कार हैं इसकी हर रवायत

वो आदम ही था जो हिर्स-ओ-आज़ में उलझ कर रह गया
खूल्द में बे आबरू हुई बे वजह ही हव्वा की निस्वानियत

हम-बिस्तर की बे-इख़्तियारी या क़त्ल ए अतफ़ाल में तर्जीह
कुर्बान हुई हैं हर सूरत ए हाल में ज़ौजा की मासूमियत

'औरत ने जनम दिया मर्दों को, मर्दों ने उसे बाज़ार दिया'
और हासिल भी क्या जब ग़ालिब हो हवस-कारी की सल्तनत

देता हैं 'उठ मेरी जान के मेरे साथ ही चलना हैं तुझे' की सदा
अपनी रफ़ीक़ा से "आज़मी" करता हैं सरकशी की कैफ़ियत

वह जब कहती है तू अपना बदन उतार कर मूढ़े पर रख दे
सार्त्र की सिमोन बयाँ कर रही है रविश-ए- इश्क़ की अहमियत

***

सामान ए दग़ल-ए-नियत - जिसपर कोई बुरी नज़र डालता हों, रिया-कार - पाखंडी, मु'आशरा - समाज, हिर्स-ओ-आज़ - लोभ और लालच, निस्वानियत - स्त्रीत्व, बे-इख़्तियारी - मजबूरी, क़त्ल ए अतफ़ाल - भ्रूणहत्या, तर्जीह - प्राथमिकता, ज़ौजा - पत्नी, ग़ालिब - छाया हुआ, हवस-कारी - वासना से भरा हुआ व्यक्ति , रफ़ीक़ा - सखी, सरकशी - बगावत, आज़मी- कैफ़ी ओज़मी, रविश-ए- इश्क़ - प्यार की तहज़ीब

फ़ना नहीं होती रूह

फ़ना नहीं होती रूह बस पैकर बदल देती है
मुतमर्रिद हैं वह अपना मुकद्दर बदल देती है

घबराकर जब भी सर झुकाया मैंने बुत-परस्ती में
मेरी बे-दीनी आकर सामने से पत्थर बदल देती है

इक उम्र गुजारता हूँ उसे ज़रा सा बयान करने में
वो मुसव्विर एक पल में सारा मंज़र बदल देती है

हरजाई हैं या ख़ाना-बदोश कुछ पता नहीं चलता
जाने क्या सबब है बारहा अपना घर बदल देती है

उसके दिए हुए ज़ख्म उसे लौटा तो दूं मगर कैसे
वो हर बार आकर मेरे हाथो से खंजर बदल देती है

***

पैकर - शरीर, मुतमर्रिद - विद्रोही, बुत-परस्ती - मूर्तिपूजा, बे-दीनी - नास्तिकता,
मुसव्विर - चित्रकार, हरजाई - बेवफ़ा, ख़ाना-बदोश - इधर उधर जीवन बिताने वाला,
बारहा - बार बार

नज़्म

बचपन में खेलते वक़्त जो स्टंप आंगन में गाड़ते थे
वक़्त के साथ साथ उसके ज़ख्म गहरे होते जाते थे
धीरे धीरे मिट्टी में किए हुए उन सुराखों में जान आती थी
और नन्ही चींटियो के साथ इठलाती हुई घास साँस लेती थी

मेरे नए घर में अब आंगन नहीं है मेरे बच्चो के खेलने के लिए
बस बड़ी बड़ी आँखों वाली गाडियां खड़ी रहती है पाँव जमाए
जो थोड़ी सी घास है वो शहर की हवा लगने से लॉन बन गई
लैंडस्केपिंग खराब ना हो इसलिए वहाँ बच्चो को जाना मना हैं

काफिरों का मिजाज़ हैं

काफिरों का मिजाज़ हैं तुझमें, तू इश्क़ कर
सायाहत ए काबा काशी छोड़, तू इश्क़ कर

मुंसिफ़-मिज़ाज हैं वो, तुझे ही कत्ल करेगा
तेरा जुर्म काबिल ए जन्नत हैं, तू इश्क़ कर

दबे होठों से रकीब दुआ सलाम देते हैं उसे
तुझे इश्क़ हैं उससे तशहीर कर, तू इश्क़ कर

वो मसीहा हैं बंदगी है पैमाना-ए-'उम्र उनका
तेरी अन्फ़ास-ए-मसीहाई इश्क़ हैं, तू इश्क़ कर

राह-ए-शौक़ में दाद ए सफर ना मिले अगरचे
हैं जज़्ब-ए-सादिक़ तेरा हर कदम, तू इश्क़ कर

शे'र-ओ-अदब लिखिए या पढ़िए गीता कुरान
इश्क़ है हर दरियाफ़्त का 'इरफ़ान, तू इश्क़ कर

***

काफिर - नास्तिक, मिजाज़ - स्वभाव, सायाहत ए काबा काशी - मक्का और
काशी की यात्रा, मुंसिफ़-मिज़ाज - न्यायप्रिय स्वभाव वाला, रकीब - प्रतिस्पर्धी,
तशहीर - ढिंढोरा पीटना, बंदगी - पूजा करना, पैमाना-ए-'उम्र - उमर का मापदंड,
अन्फ़ास-ए-मसीहाई - ईसा की फूँक या साँस जिससे मृत प्राणी जीवित हो जाते थे,
राह-ए-शौक़ - प्रेम-लालसा का पथ, दाद ए सफर - प्रशंसा, अंगरचे - बावजूद इसके,
जज़्ब-ए-सादिक़ - सच्ची लगन, दरियाफ़्त - तलाश, 'इरफ़ान-नतीजा,ब्रह्मज्ञान

नहीं ज़रूरत अलगाव की

नहीं ज़रूरत अलगाव की इसे नहीं मज़हबी-जुनून चाहिए
खुसरो की फ़िरदौस-ए-ज़मीं को इक रब्त मलज़ूम चाहिए

ख़्वाब-ए-मुस्तक़बिल के लिए हो अहद-ए-हाज़िर कुर्बान
माज़ी के जशन ए क़त्ल-ए-’आम के लिए नए हुजूम चाहिए

ईश्वर अल्लाह मसीह के बंदे ही तो हैं तू भी और मैं भी
क्यूं नुमाइश ए इबादत के लिए मुख़्तलिफ़ सुतून चाहिए

लहू दौड़ता है आदतन रगों में अब ये उबलता नहीं
हरारत के लिए अब इसे अपनों का ही खून चाहिए

अभी और बहेंगा खूं झेलम में ये गिरेगा और चिनारो पर
हुक्मरानों को अब वादी ए कश्मीर में सब्र-ओ-सुकून चाहिए

***

अलगाव - दरार, फूट, मज़हबी-जुनून - धार्मिक कट्टरता, फ़िरदौस-ए-ज़मीं - धरती
का स्वर्ग, रब्त - रिश्ता, मलज़ूम - जो अलग ना हो सके, ख़्वाब-ए-मुस्तक़बिल -
भविष्य के सपने, अहद-ए-हाज़िर - वर्तमान समय - माज़ी - अतीत, हुजूम - लोगो
की भीड़, नुमाइश ए इबादत - प्रार्थना समारोह का सज धज कर दिखावा करना,
सुतून - धर्मात्मा, हरारत - गर्मी,

ख़ामोश रहकर मेरी लग्व-बयानी

ख़ामोश रहकर मेरी लग्व-बयानी को आबरू दिला गई
ज़हीन थी अपने हुनर से पुख़्तगी के फूल खिला गई

अभी बस कुछ ही लम्हे तो गुज़रे थे उसे भूलाकर
कहीं से कोई उम्मीद आकर फिर किवाड़ हिला गई

एक एक उम्र की तरह गुज़रा था एक एक लम्हा
ओस में ज़िन्दगी भरकर वो एक कतरा पीला गई

बिखरा पड़ा था वजूद उसका हर शै में हर-सू और वो
वो सिमटकर जिस्म मेरी लकीरों में तक़दीर मिला गई

मैं उलझता रहा रस्मों रहे दुनिया की ना - उम्मीदी में
वो हर तक्कल्लुफ से बग़ावत की क़सम खिला गई

***

लग्व - बयानी - बकवास , ज़हीन - बुद्धिमान, पुख़्तगी - परिपक्वता ,

अकेले शेर

कहीं तो कोई लफ्ज़ होंगे किसी दुआ में या अज़ान में
बयाँ करे जो मेरे जज़्बात उसके लिए किसी ज़बान में

******

महक तेरी मोगरे सी इत्र में घुली हुई जैसे हर साँस हैं
जिस्म है अजंता की मूरत तेरी अंगड़ाई मालकंस हैं

******

मालकंस - शास्त्रीय संगीत में रात के समय गाया जाने वाला एक राग

******

ये उँगलियाँ भी साँसों सी उलझती है अक्सर कमबख्त
कैसे सुलझाएं कोई इतने सारे मसले यकसर कमबख्त

***

यकसर - एक साथ

दाना-ए-राज़ हूँ

दाना-ए-राज़ हूँ वज़'-ए-ख़ुदा आजकल रहता हूँ
ब-सबब लाज़िमी हैं जो इन दिनों बेकल रहता हूँ

तसव्वुर में सैकड़ों मंज़र सजा लेता हूँ तेरे साथ
तेरे बिना आलम-ए-असबाब में मुहमल रहता हूँ

कोई तो सूरत बने कि तू हकीकत में मिल जाए
पैकर-ए-ख़याली में तो तेरे साथ मुसलसल रहता हूँ

हुआ करे कोई सनमयात लिया करे कोई अवतार
अफ़सानों के किरदारों से लेकीन मैं अफ़ज़ल रहता हूँ

होगा ख़ुदावंद-ए-'आलम वो पर ख़ुदा नहीं हैं मेरा
ख़ुद-मुख़्तार हूँ कभी न ख़ुद ग़ैर-मुकम्मल रहता हूँ

***

दाना-ए-राज़ - सब रहस्यों को जानने वाला, वज़'-ए-ख़ुदा - ईश्वर की तरह, ब-सबब - इस कारण से, लाज़िमी - *unavoidable*, बेकल - बेचैन, तसव्वुर - ख़यालों में, आलम-ए-असबाब -.जहाँ प्रत्येक कार्य के लिये कोई कारण हो, मुहमल - अर्थहीन, पैकर-ए-ख़याली - काल्पनिक रूप, सनमयात - हिंदुओ के देवी देवता, अफ़ज़ल - सबसे श्रेष्ठ, ख़ुदावंद-ए-'आलम - दुनिया का निर्माता, ख़ुद-मुख़्तार - जिस पर किसी दूसरे का प्रभुत्व या शासन न हो, ग़ैर-मुकम्मल - जो अधूरा हो

बाद जाने के तुम्हारे

बाद जाने के तुम्हारे दिल में मुराद आई
रोक लूं तुम्हे ये होश-मंदी देर बाद आई

कोशिशें हज़ार थी तुझे भूलने की लेकिन
हज़ार बहानो से तू फिर भी याद आयी

इश्क़ नहीं तो कोई इल्जाम दे अब मुझे
उस क़ातिल तक फिर ये फरियाद आयी

मेरे दिल ए बीमार को शिकायत हैं तुझसे
एक ज़ख़्म भरा नहीं और तेरी याद आयी

महफ़िल ए रक़ीब में ये आलम था बे-रुख़ी का
मेरे क़त्ल का फ़रमान आया और तेरी दाद आई

***

मुराद - ख़्वाहिश , होश-मंदी - समझ , महफ़िल ए रक़ीब - प्रतिस्पर्धियों का जमाव,

इक नज़्म

कई बार जब खाली कागज़ तकता हैं हसरत से मुझे
जी करता है किसी शायर का कोई मिसरा उधार मांग लूँ
और रूठ कर जो कलम की सियाही में छुपे है लफ्ज़
मीर ग़ालिब - फ़िराक़ की कसम देकर उन्हें मना लूँ

टेबल लैंप की मद्धम रोशनी में ख़यालों के साए जलते है
नींद अपनी ज़र्द सी बोझल आँखें लिए पूरी रात गुजारती है
बड़ी मिन्नतों के बाद चंद हर्फ फिर ऐसे उतरते है उँगलियों से
आइने के सामने बैठी दुल्हन जैसे हाथो से कंगन उतारती है

ऐसी ही एक रात तुमने तसव्वुर को अल्फाज़ से नवाज़ा था
तमाम उम्र वो हर अश'आर तेरी रूह की महक से ताज़ा था

मेरी बेटी रीवा

कहानियाँ सुनी है उस परी की चेहरा जिसका चाँद सा है
इसी दुनिया की लेकिन हैं वो चेहरा जिसका चाँद सा है

आयतों में मिली इक रोज़ किसी मनचाही दुआ जैसी
वह तमहीद जश्न-ए-'ईद की चेहरा जिसका चाँद सा है

अभी कल ही तो उसके पाँव मेरे आंगन में इठलाए थे
ज़हीन हैं अब अपनी उम्र से वो चेहरा जिसका चाँद सा है

परवाज़ सितारों से आगे उसकी कहकशाँ सी गहराई है
आफ़्ताब से रोशन मुस्तक़बिल चेहरा जिसका चाँद सा है

नुमूद-ओ-नुमाइश नहीं दिल में कोई फ़रेब-साज़ी भी नहीं
नक़ाबो के शहर में ख़ालिस वो चेहरा जिसका चाँद सा है

वज़ीफ़ा पढ़ू या मुक़द्दस-किताब का करू पेश-लफ़्ज़
कहूँ क्या और उसके लिए चेहरा जिसका चाँद सा है

***

आयतों - कुरान का वाक्य, तमहीद - प्रस्तावना, ज़हीन - समझदार, परवाज़ - उड़ान,
मुस्तकबिल - भविष्य, नुमूद-ओ-नुमाइश - दिखावा, बनावटी, वज़ीफ़ा - रोज़ पढ़ी
जाने वाली दुआ, पेश-लफ़्ज़ - प्रस्तावना, मुक़द्दस-किताब - पवित्र ग्रंथ

हमसे रौनक ए बज़्म

हमसे रौनक ए बज़्म हमसे तेरी शोहरत निखर जाती
कौन आता वगरना कहां तेरे दर तक रहगुज़र जाती

हसरतें सारी हकीकत बने ये हर वक़्त मुमकिन कहा
सुबह के ख़्वाब पूरे होते गर तो हर रात सँवर जाती

गुरूर गया शु'ऊर गया रुख़्सत कमाल-ए-फ़न हुआ
नही जाती दिल से याद उसकी नही किसी क़दर जाती

सितम गारी भी हो शरीक तो लुत्फ़ हैं रस्म ए मोहब्बत में
न मिलती 'आलम-ए-अफ़्सुर्दगी तो रुसवाई किधर जाती

तग़ाफ़ुल के हुनर में हस्ती मशहूर हो रही उनकी बज़्म में
बदनाम हो जाते वो बेख़्याली में जो एक निगाह इधर जाती

***

शु'ऊर - समझ, होश, कमाल-ए-फ़न - कला-नैपुण्य, 'आलम-ए-अफ़्सुर्दगी -
state of melancholy, तग़ाफ़ुल - उपेक्षा करना,

सुलझाती है उसकी पेच-ए-ज़ुल्फ़

सुलझाती है उसकी पेच-ए-ज़ुल्फ़ मेरे पैरो की लग़्ज़िश
उसकी चारा-गरी सलामत रहे अभी और भी हैं शोरिश

क़ाबिल-ए-तहरीर यूँ तो बहुत हैं अब भी मेरे बारे में
कुछ तो बात हैं जो मुरझा गया हैं मेरा रंग-ए-निगारिश

फ़र्ज़ अदायगी है बस कारोबार ए चमन अब महकता नहीं
हैं निगाह-ए-यास एक अरसे से वो निगाह-ए-सताइश

कुछ नुमायाँ हैं इस ग़मकदे में कुछ पोशीदा हैं अब भी
ज़ेबाइश में कही ज़्यादा तो कही कम हैं कद्द-ओ-काविश

दर्द क्या हैं, क्यूँ होता हैं, कहाँ होता हैं किसे पता है
मेरे सवाल-नामे पर ख़ामोश हैं सारे अहल-ए-दानिश

*** *

पेच-ए-ज़ुल्फ़ - उलझे हुए बाल, लग़्ज़िश - लडखड़ाहट, चारा-गरी - इलाज, शोरिश
- परेशानी, क़ाबिल-ए-तहरीर - लिखने के लायक, रंग-ए-निगारिश - लिखने का
हुनर, नुमायाँ - जो स्पष्ट दिखाई देता हो, पोशीदा - छिपा हुआ, ग़मकदे - दुखों का
घर, ज़ेबाइश - सजावट, कद्द-ओ-काविश - मेहनत, निगाह-ए-यास - उदासी भारी
नज़र, निगाह-ए-सताइश - तारीफ करने वाली नज़र, अहल-ए-दानिश - विद्वान् लोग

पैकर ए ग़ज़ल दे ख्वाबों को

पैकर ए ग़ज़ल दे ख्वाबों को उस एजाज़ ए नज़र को आवाज़ दो
शब-ए-फ़ुर्क़त हैं किसी ख़ुर्शीद किसी ख़्वाब ए सहर को आवाज़ दो

ऐलान करो कि सरगोशि में उठ रहे है अफ़साने गली कुंचो से
आओ 'अक़ीदत पहनाए उन्हें किसी सूरत-गर को आवाज़ दो

वो नज़रे जो बिस्मिल करे हैं वहीं राहत-ए-जाँ हमारी भी थी कभी
ज़ख्म गहरे हैं तीर ए नीमकश के किसी चारा-गर को आवाज़ दो

रहजनों ने लूटे है काफ़िले मजलूमों के गाम गाम पर हर दौर में
दौर ए इंकिलाब की बज़्म सजी हैं किसी नग़्मा-गर को आवाज़ दो

दस्त-ए-शिफ़ा हैं तो मख़्लूक़-ए-ख़ुदा ये जहाँ भी थोड़ा सवार दे
तलब करो हर जर्रा हर कहकशाँ किसी कारी-गर को आवाज़ दो

***

पैकर ए ग़ज़ल- ग़ज़ल का जिस्म देना, एजाज़ ए नज़र- जादूभरी नज़र, शब-ए-फ़ुर्क़त - जुदाई की रात, ख़ुर्शीद - सूर्य, ख़्वाब ए सहर - सुबह होने की आशा, अकीदत- विश्वास, श्रद्धा, सूरत-गर- निर्माता, चित्रकार , बिस्मिल- जख्मी, तीर ए नीमकश- ऐसा तीर जो आर पार ना हुआ हों, चारा-गर- घाव ठीक करने वाला, गाम गाम- कदम कदम पर,, नग़्मा-गर- गीतकार, दस्त-ए-शिफ़ा- रोग-निवारण की शक्ति, मख़्लूक़-ए-ख़ुदा- भगवान द्वारा पैदा किए गए लोग

बुझी हुई आंखों में अब

बुझी हुई आंखों में अब नए ख़्वाब जलते नही
तेरी आमद से भी अब अरमान मचलते नही

परवाज़ लेने को आसमाँ बाहें खोले बैठा हैं
हैं मरासिम ए ज़मीं कुछ ऐसे कि अब छूटते नहीं

जीने की शर्तें इतनी मुश्किल के कोई जीए कैसे
शर्त पूरी करने तक मारने वाले मरने भी देते नही

तनहा सफर है मंज़िलो के निशान धुंधले हैं सारे
सराबों की तलाश में अब नए हमसफ़र जुड़ते नहीं

ख़लिश कोई ज़ंजीरों सी पड़ी है ख़्वाहिशों पर
आज़ाद करने के लिए दीवारों से हाथ उतरते नही

***

आमद - आगमन, परवाज़ - उड़ान, मरासिम ए ज़मीं - जमीन के रिश्ते

हो उन्हे शिकायत और

हो उन्हे शिकायत और हमे गिले तो शायद कुछ बात बने
चलते रहे यूँ ही इश्क के सिलसिले तो शायद कुछ बात बने

चलो ख़फ़ा हो जाऊ मैं तुमसे बेज़ार हो जाओ तुम भी
फिर अजनबी बनकर हम मिले तो शायद कुछ बात बने

मैं ढूंढता हूं उसकी अफ़्सूँ-गरी ए नज़ाकत के निशाँ हर-सू
उसकी अंगड़ाई से कहीं फूल खिले तो शायद कुछ बात बने

सोचता हूँ उसे बेवफा कहकर ज़माने भर में बदनाम करु
मिले उसे भी शोहरत के ऐसे सिले तो शायद कुछ बात बने

बारहा देखा है उस साहिब-ए-हया को महव-ए-गुफ़्तुगू में
मौज़ू'-ए-गुफ़्तुगू में मेरा ज़िक्र मिले तो शायद कुछ बात बने

***

अफ़्सूँ-गरी - जादूगरी, हर-सू- हर तरफ, बारहा - अक्सर, साहिब-ए-हया - शर्मीला माशूक, महव-ए-गुफ़्तुगू - बातचीत में मसरूफ़, मौज़ू'-ए-गुफ़्तुगू - बातचीत का विषय

सुनता हूं हसरत से

सुनता हूं हसरत से हर आहट कोई कुछ बता दे
ना जाने कौन कब कहाँ से उसका पता बता दे

फ़ासले जायज़ होने लगे हमारे बीच ना जाने कैसे
इन खाली जगहों में कौनसे गिले शिकवे रखूँ बता दे

चलो अब हम ही बता दे उसकी शोख़ी - ए- पिन्हाँ
फ़िराक ओ मीर ओ ग़ालिब में हुनर कहाँ कि बता दे

कैसे बता दे लज़्ज़त-ए-गियाँ का लुत्फ वो तंग-चश्म
अश्क-अफ़्शाँ हो हम सा तो बा-चश्म-ए-नम बता दे

हैं रा'नाई-ए-ख़याल की आबरू उसके दम से "निशांत"
कैसे मैं तख़्लीक़-ए-शे'र करू उसके बिना कोई बता दे

***

शोख़ी ए पिन्हां - छुपी हुई शरारते, लज़्ज़त-ए-गियाँ - रोने का मज़्ज़ा, तंग-चश्म - तंग
नज़र, अश्क-अफ़्शाँ - रोने वाला, बा-चश्म-ए-नम - आँखों में आँसू के साथ, रा'नाई-
ए-ख़याल - खयालों की खूबसूरती, तख़्लीक़-ए-शे'र - कविता की रचना

इक नज़्म

कुछ और सामान
(गुलज़ार के "मेरा कुछ सामान तुम्हारे पास .....» से प्रेरित)

कुछ नज़्में हैं बे- परवाह सी कोई हर्फ बे-आस पड़ा है
ऐसे ही उसका कुछ सामान अब भी मेरे पास पड़ा है

हाथ छुड़ाकर पलटी थी तो किवाड़ में दुपट्टा अटका था
उसके सतरंगी ज़ख्म अब भी दरवाज़े पर ठहरे हुए है
अपनी ही परछायी की तलाश में नक़्श-ए-पा उसके
खयाल ए रुखसत के सदमे से दहलीज पर सहमे हुए है

ऐसे ही उसका कुछ सामान अब भी मेरे पास पड़ा है

ड्रॉअर में किसी पुराने मौसम का मायूस लिफाफा रखा है
जर्द से कागज़ पर बस कुछ बे-ख़ुद एहसास बिखरे पड़े है
ख़त का मजमुन शायद रूठ कर चला गया है उसके साथ
पतझड़ के सूखे पत्तों की तरह अल्फाज़ के मानी गिर पड़े है

ऐसे ही उसका कुछ सामान अब भी मेरे पास पड़ा है

दारीचे खुले रखता हूं अब हर वक्त अपने कमरे के
उसकी खुशबू लेकिन जाती नहीं ज़िद पर अड़ी है अब भी
दीवारों पर उसकी यादों का रंग चढ़ा है वो भी उतरता नहीं
बद-रंग से कैनवास पर उसका चेहरा उभरता है अब भी
इतना कुछ सामान तो रखा हैं उसका तो इन्हे भी रख लू
वैसे भी तो उसका कुछ सामान अब भी मेरे पास पड़ा है

धूप उतरी है पहाड़ों से

धूप उतरी है पहाड़ों से या उसका आँचल ढला हैं
हैं अंगड़ाई उसकी या चमन में कहीं फूल खिला हैं

मुक़्तज़ा-ए-वक़्त है ना दिल लगा तू इस पल में
गुज़र जायेगा ये पल भी गुज़रता हुआ काफ़िला हैं

सिर्फ तग़ाफ़ुल काफ़ी नहीं देख लो ज़िंदा हूं अब भी
कोई काम भी पूरा नही करते तुम यहीं एक गिला हैं

कल की सर्द रात का राज़ कुछ ऐसे ज़ाहिर हुआ
रज़ाई के अंदर से एक लंबा सुनहरा बाल मिला हैं

वहम-ओ-गुमाँ ना तब्दील हो यकीं में ये ख़याल रहे
रिश्तों के सफ़र में बहुत मुख़्तसर सा ये फ़ासला हैं

****

मुक़्तज़ा-ए-वक़्त - समय की मांग, तग़ाफ़ुल - जान बुझंकर ध्यान न देना, वहम-ओ-गुमाँ - गलतफहमी और शक, मुख़्तसर - छोटा सा

जुर्अत करके देख लो

जुर्अत करके देख लो ज़मीर में झाँककर देख लो
उठती हो तो ये दामान-ए-नज़र उठाकर देख लो

तुम्हारी ख़ामोशी ने पनाह दी हैं इस नफ़रत को
तुम्हारी बुज़दिली ने फेंका हुआ पत्थर देख लो

जश्न मनाया था दिसम्बर में सियाह दिन का जब
ढह गई थी गंगा जमुनी तहज़ीब भी बराबर देख लो

जाहिल हो तख़्त-नशींनो को मसीहा मान बैठे हो
उनकी अना का हैं हासिल वो बरपा कहर देख लो

फ़रमान-ए-क़त्ल-ए-'आम को उसका इल्हाम समझते हों
फ़रमाँ-बरदारी में ये लुटते हुए कस्बा ओ शहर देख लो

देख सकते हो तो देखो इस ज़मीं को अज़ीज़ सभी है
तारीख़ के पन्नो में हैं अशोक और हैं अकबर देख लो

तुम्हारे बर्बादी के चर्चे हैं आसमानों में हिंदुस्तान वालो
बचा सको तो बचा लो इसे कुछ कर गुज़र कर देख लो

***

दामान-ए-नज़र - निगाह का पर्दा, सियाह - काला, अशुभ, तख़्त-नशींनो - शासक, राजा, अना - अहंकार, आत्म प्रदर्शन, फ़रमान-ए-क़त्ल-ए-'आम - सार्वजनिक नरसंहार करने का आदेश, फ़रमाँ-बरदारी - आज्ञा पालन, कस्बा ओ शहर - गांव और शहर, तारीख़ - इतिहास, अशोक - सम्राट अशोक, अकबर - मुग़ल शासक अकबर

अज़ल से गुजार रहा हूँ

अज़ल से गुजार रहा हूँ फिर भी गुजरती क्यूँ नही
लंबी ही सही रात ही तो हैं फिर कटती क्यूँ नही?

तिलिस्म हैं, काला जादू हैं, छलावा हैं, क्या हैं ?
मेरी आँखें तुम्हारी तस्वीर से हटती क्यूँ नही ?

मैंने कलम से अफ़साने लिखे हैं कहकशाँओ के
शख़्सियत तुम्हारी मेरी ग़ज़ल में सिमटती क्यूँ नही ?

अजीब ज़िद पर अड़ा हैं दिल इसे तू तमाम चाहिए
हमेशा के लिए आकर सीने से लिपटती क्यूँ नही ?

बेख़याली में छुआ था उसने तो महकता हूँ अब तक
उसके लम्स की ये हल्दी बदन से छूटती क्यूँ नही ?

***

अज़ल - *infinity*, जब से दुनिया बनी है तब से, कहकशाँ -*milky way*,
बेख़याली - अनजाने में, लम्स - स्पर्श

बे हवास होकर घूमता है

बे हवास होकर घूमता हैं मेरा साया पैरों के इर्द गिर्द
खो गया वो ख़ुर्शीद थी मेरी दुनिया जिसके इर्द गिर्द

तेरे तसव्वुर में आँखों से ख़याल गिरा था दामन पर
ग़ज़ल बुनता रहा तमाम उम्र शायर उसके इर्द गिर्द

हर लम्हा महका था उस गुल-पोश की दास्तानों से
गुज़रा हुआ पल तलाशता रहा वक़्त फूलों के इर्द गिर्द

भुला दिया हैं शायद उसने मुझे लेकिन कहूँ किस से
उसे खबर मिले इसलिए रहता हूं रकीबो के इर्द गिर्द

कभी पूछे हमसे कि तनहाई क्या है तो बतलाए उन्हे
रंजीशे, गिले, वफ़ा के सिले होते है दिल के इर्द गिर्द

***

ख़ुर्शीद - सूरज, गुल-पोश - फूलो से भरा हुआ

अकेले शेर

साए रुकते नहीं ज़मीं पर आसमाँ में तारे भी नदारद
तूने मकान क्या बदला हर शै तेरी तलाश में गुमशुदा

नदारद - गायब

******

सजा ले अपने होंठों पर ये अदना सा फ़साना मेरा
तेरा ज़ौक़-ए-शे'र बन जाए जीने का बहाना मेरा

ज़ौक़-ए-शे'र - शायरी का शौक़

******

बारिश के पानी में बहेगी वह कश्ती तो डूब जाएगी
बच्चे का दिल बहलेगा लेकिन वह जान से जाएगी

कहा सियासती मसलों में अपना

कहा सियासती मसलों में अपना सर खपाए क्यूँ ऐसी अकारत की बाते करे
नौ'-ए-बशर ही तो कत्ल हुए हैं कोई बात नहीं चलो हम इश्क मोहब्बत की बाते करे

ख़याल रहे बस इतना कभी ज़िक्र ना हो फ़िक़्रा-वाराना ख़ौफ़-ओ-दहशत का
फीतना ओ फसाद में मुहाजिर ओ काफ़िर फना होते हैं आओ हम विरासत की बाते करे

ज़रा सी हक़-तलफ़ी ही तो है अब परचम का रंग मुख़्तलिफ़ हैं तो हम क्या करे
साँस ए आज़ाद की ख़्वाहिश हैं तो कफस में हो अज़मत आओ इस तिजारत की बाते करे

सरहदों के बहाने कब तक दे कहाँ तक तरक़्क़ी-पसंद सरताज से बहलाए खुद को
चाहे जहां हो, जिसकी भी हो बे ख़ौफ़ हर जाबिराना सफ़्फाक हुकूमत की बाते करे

अब न तो तुम हो तुम और हम भी अब हम नही लेकिन आबरू-ए-त'अल्लुक़ की ख़ातिर
हैं नुमूद-ओ-नुमाइश गर ज़रूरी तो आओ बस उतनी ही जरूरत की बाते करे

***

अकारत - बेकार, नौ ए बशर - मानव जाति, फ़िक़्रा-वाराना - सांप्रदायिक, ख़ौफ़-ओ-दहशत - डर, फीतना ओ फसाद - धर्म के नाम पर दंगे, मुहाजिर ओ काफ़िर - शरणार्थी और अधर्मी, हक़-तलफ़ी - किसी को उसके अपने अधिकार से वंचित करना, परचम - धर्म का झंडा, मुख़्तलिफ़ - अलग, क़फ़स - कैदखाना, अज़मत - इज़्ज़त, तिजारत - फायदे वाला व्यापार, जाबिराना - अत्याचारी, सफ़्फाक - खून बहाने वाला, आबरू-ए-त'अल्लुक़ - रिश्ते की गरिमा, नुमूद-ओ-नुमाइश - दिखावा, लाज़िमी - ज़रूरी,

हर अहद से मुकरता है

हर अहद से मुकरता हैं वफ़ा निभाता नहीं किसी से
आदत हैं उसे आदत अपनी छुपाता नहीं किसी से

आँखों में हर पल तेरी तस्वीर लिए फिरता हूँ लेकिन
नज़र-ए-बद के डर से निगाहें मिलाता नहीं किसी से

भँवरे की रूबाही का हासिल हैं शहद-ए-फ़ाइक़
हर फूल से आशनाई पर क़ुर्बत बढ़ाता नही किसी से

नामा-बर से तेरी खबर आना भी अब तो दुश्वार हुआ
कोई पढ़ ना ले इसलिए ख़त लिखवाता नहीं किसी से

फरेब देता रहा खुदको यूँही भरम भी सहलाता रहा
उसने बेज़ारी में नज़रे फेरी ये जताता नही किसी से

***

नज़र-ए-बद - बुरी नज़र, रूबाही - चालाकी, शहद-ए-फ़ाइक़ - बेहतरीन शहद,
आशनाई - जान पहचान, क़ुर्बत - नज़दीकी, नामा-बर- डाकिया

इक चुभन है ज़रा सी दिल मे

इक चुभन है ज़रा सी दिल में मुस्कुराए हुए तुझे एक ज़माना हुआ
तेरी आँखों ने जो एक बार कहीं थीं उस हक़ीक़त का भी फ़साना हुआ

कहानी के किसी दिल-चस्प मोड़ पर मिल जाए वह इत्तिफ़ाक़न कभी
हुए किताब-दार के हाशिया-नशीन कुतुब-ख़ाना हमारा ठिकाना हुआ

कितने ही हर्फ़ लिखे तसव्वुर में कितने लफ्ज़ मिटाए आज़ुर्दा होकर
ना-क़ाबिल-ए-तसव्वुर बयान उसका मेरी ना-अहलियत का बहाना हुआ

अब अक्सर मिल जाती हैं वह गुलाब की पंखुड़ी सी मेरी किताबों में
पनाह देती हैं अपनी खुशबू में जिन्हें उन ख़याबाँ का भी खज़ाना हुआ

नवाज़िश नहीं हैं तेरी गर्दिश-ए-दौराँ मेरा कुछ इस कदर चला कि बस
नसीब-ए-ख़ुफ़्ता जाग उठा मेरा और इत्तिफ़ाक़न तेरा मुस्कुराना हुआ

***

किताब-दार - librarian, हाशिया-नशीन - खुशामादी, कुतुब-ख़ाना - पुस्तकालय, आज़ुर्दा - उदास, ना-क़ाबिल-ए-तसव्वुर - सोच से परे, अतुलनीय, ना-अहलियत - अयोग्यता, नवाज़िश - मेहरबानी, गर्दिश-ए-दौराँ - काल चक्र, नसीब-ए-ख़ुफ़्ता - सोया हुआ नसीब

इक नज़्म

तेरे बदन की आग से रात जलाई थी कल मैंने

पिघला हुआ चाँद टपकता रहा आँखों से
बिना लिबास की चाँदनी उतरी थी चेहरे पर
गर्म रोशनी में ऐसे लग रहे थे हम दो साए
दो दो सूरज डूब रहे है जैसे सर्द किनारे पर

तेरे बदन की आग से रात जलाई थी कल मैंने

इत्तेफ़ाक़ बस इतना हुआ

इत्तेफ़ाक़ बस इतना हुआ नज़रे मिली और वह मुस्कुराए
साँसें अब इसी कशमकश में कि रुके या नसीब आज़माए

तलाश में ज़र्रा ए आफ़्रीनिश की जो तेरा पैकर बन गई है
मबसूत हुई जाती है अज़ल से चार सू सारी कहकशाँएं

आए सामने यक-लख़्त तो मुख़्तलिफ़ असर हुआ दोनो पर
आह निकली मेरे दिल से और उसके बस लब थरथराएं

तेज़ हैं आँधी शहर की नक़्श-ए-पा की हिफ़ाज़त करे कैसे
राहें मैंकदा नज़र कहां करो अब ग़ुबार-ए-राह से इल्तिजाए

इलज़ाम-ए-'इश्क़ का शौक़ हमे पास-ए-रुस्वाई उन्हें ऐसी
सौ बार हम नाम लिखें उसका वह ख़ौफ़ में सौ बार मिटाए

***

ज़र्रा ए आफ़्रीनिश - विश्व निर्माण के वक़्त के अणु, मबसूत - फैलना, अज़ल - अनादि काल से, नक़्श-ए-पा - पैरो के निशां, राहें मैंकदा - मदिरालय की तरफ जाने वाला रास्ता, ग़ुबार-ए-राह - रास्ते की धूल, पास-ए-रुस्वाई - बेइज़्ज़ती का ख़ौफ़,

पुराने साए लिपटे हुए है

पुराने साए लिपटे हुए हैं पैरो में अब छूटते नहीं
अधूरी ख़्वाहिशें भी हैं कुछ लेकिन तारे टूटते नहीं

रक़्स करती थी तबियत जिनकी बस मेरे नाम से
नाम लेने के लिए उनके होंट भी अब काँपते नही

ख़फ़ा हो जाए हमसे तो मना ले उन्हें हम लेकिन
बस बे-हिस हुए बैठे है वो अब हमसे रूठते नहीं

नाले मेरे नहीं है साहिल-ए-मुराद के ख़्वाहाँ
उठते है मौज-ए-बला जैसे पर टकराते नही

सजाते है वो धनक बदन की रंगीनियों से लेकिन
पैराहन-ए-हस्ती हमारी एक बार आज़माते नही

कैसे करे तुझसे हिसाब पूरा अभी से ऐ जिंदगी
कातिब-ए-वक़्त इंसानों के शुमार से नाम हटाते नही

***

रक़्स - नृत्य, बे-हिस - चेतनाशुन्य, नाले - आह, साहिल-ए-मुराद - मंजिल, ख़्वाहाँ - इच्छा रखने वाला, मौज-ए-बला - आपत्तियों की लहरों के थपेड़े, धनक - इंद्रधनुष, पैराहन-ए-हस्ती - मानव शरीर, कातिब-ए-वक़्त - समय का लेखक

मायूस ना हो ख़लवत ए 'इश्क़

मायूस ना हो ख़लवत ए 'इश्क़ से कसूर मेरा हैं तेरी ख़ता कोई नहीं
मेरा हौसला हैं मेरी पसंद हैं तू मैं और मेरी तन्हाई हैं और कोई नहीं

कतरा कतरा जमा करता हूँ भरता नहीं ये बहर ए अश्क फिर भी
पत्ता पत्ता बूटा बूटा सब चश्म-ए-तर हैं इक बस तुम ही रोई नहीं

दिन गुज़रा था उम्मीद ए वस्ल में रात पहलू में तन्हाई छोड़ गई
नशेब-ओ-फ़राज़ की फ़न-ए-हिसाब-दारी में परेशाँ शाम सोई नहीं

आप ही दुश्मन बने बैठे हैं अपने दीदार के हम क्या शिकायत करे
बे-नक़ाब निकलते वो घर से अगर होती ऐसी नूर-ए-रा'नाई नही

बू-ए-गुल है, नाला-ए-दिल है और दूद-ए-चराग़-ए-महफ़िल हैं
कौन नही हैं मुखबिर यहाँ जिन्होंने मुझ तक तेरी ख़बर लाई नहीं

***

ख़लवत ए इश्क - प्यार का अकेलापन, , बहर ए अश्क - आसूं का महासागर,
चश्म-ए-तर - नम या शोकाकुल आँख,उम्मीद ए वस्ल - मिलन की आस, नशेब-
ओ-फ़राज़ - दुख और सुख, फ़न-ए-हिसाब-दारी - हिसाब किताब करने की कला,
नूर-ए-रा'नाई - सौंदर्य का तेज, बू-ए-गुल - फूल की खुशबू, नाला-ए-दिल - दिल
से निकली हुई आह, दूद-ए-चराग़-ए-महफ़िल - महफ़िल के चिराग से निकलता
हुआ धुआं

करवट बदलती हैं नींद

करवट बदलती हैं नींद में वह पल भर यूँही
रात सफ़्हा पलटती हैं होती है फिर सहर यूँही

रहम करे मुझ पर वह और जान ले ले मेरी
पराया बोझ कौन उठाएं फिरे उम्र भर यूँही

वह आए हैं रुख़्सत लेने साथ में पुराने खत लिए
कैसे करे तर्क ए इश्क़ रहे वो सादा दिल अगर यूँही

आफ़ताब-ए-लब-ए-बाम सी हस्ती हैं हमारी
डूब जाए उसमे उठे इस तरफ गर वो नजर यूँही

बुत परस्ती की फित्रत कभी थी ही नहीं अपनी
उसके दर पर जबीं रख आते है कभी मगर यूँही

***

सफ़्हा - पन्ना, तर्क ए इश्क़ - रिश्ता खत्म करना, आफ़ताब-ए-लब-ए-बाम - डूबता
हुआ सूरज, बुत परस्ती - मूर्ति पूजा, जबीं - माथा

अकेले शेर

कैसे बर्दाश्त करूं अब उसे किसी ग़ैर के साथ
मुझे तो ख़ुद से जलन होती थी जब वो मेरी थी

******

ये सोचकर अल्फाज़ को पानी की तरह बहाता हूँ
कभी कुछ बूंदें तुम पर जा गिरे तो तुम इधर देखो

******

तेरे सिवा मुझे तुझ से और कुछ नहीं चाहिए
कैसे जाने दूं तुझे तू जान हैं मुझे तू ही चाहिए

ना मिल मुझसे बे-ख़ुदी

ना मिल मुझसे बे-ख़ुदी का आलम तारी हैं ये ज़ख़्म ए तन्हाई और निखरने दे
अभी ग़म से नाशाद हूं पर बे-हिस नहीं ये दिल अभी टूटकर ज़रा और बिखरने दे

हौसलों को मेरे अब नया आसमाँ चाहिए ये बुलंदी मुख़्तसर है मेरी परवाज़ के आगे
पुकार मुझे कि बीता हुआ वक़्त नहीं मैं तेरी सदाओं में मुझे और उभरने दे

तुझसे मोहब्बत ना थी तब भी तुझसे मोहब्बत की है मेरी जान ए हयात
'उम्र-ए-दवाम के इस सफर में तुझे भूलाने के लिए अभी कुछ वक़्त और गुज़रने दे

अभी ना बढ़ाओ तुम दस्त-ए-सितम मेरी तरफ अभी होशमंद नही हूँ मैं
सज़ा का लुत्फ उठाऊं कैसे मेरे इक़रार-ए-गुनाह का खुमार तो पहले उतरने दे

बड़ा ख़ुद-ग़रज़ हैं ये तर्क ए मोहब्बत के बाद तेरी इबादत में सर न झुकाएगा फिर
अभी जारी हैं सिलसिला ए इश्क़ तो अभी एक आख़रीं बार इसे दुआ करने दे

***

नाशाद - हताश, बे-हिस - जिसमे कोई एहसास बाकी ना हों, परवाज़ - उड़ान, 'उम्र-ए-दवाम - कभी भी ना ख़त्म होने वाली ज़िंदगी, दस्त-ए-सितम - अत्याचार करने वाले हाथ, इक़रार-ए-गुनाह - दोष, पाप आदि की स्वीकृति, तर्क ए मोहब्बत - प्रेम का त्याग

ख़ुद आगाह रहता हूं

ख़ुद आगाह रहता हूं हर वक्त अदा-शनास हो तुम
सारे भेद खुल जाते हैं मेरे मानो दस्त-शनास हो तुम

उन्वान हो मेरी नज़्म का मेरी ग़ज़ल का इलहाम हो
मेरी हर बात में जो है शामिल वो इक्तिबास हो तुम

देकर अपनी सारी वफ़ाई यूँ इंतिक़ाम लिया हैं तुझसे
पहले रहता था मैं ग़मगीं अब महव-ए-यास हो तुम

एक ये ना उम्मीदी कि फ़ुज़ूल हैं 'उम्र-ए-रवाँ तेरे बिना
एक ये तसल्ली की ना उम्मीदी में भी पुर-आस हो तुम

तुम्हे समझने की कशमकश में गुज़र रही है जिंदगी
कभी नीम-पोशीदा हो कभी ख़िलाफ़-ए-क़ियास हो तुम

***

ख़ुद आगाह - *self conscious*, अदा-शनास - हाव-भाव को पहचानने वाला,
दस्त-शनास - हाथ देखकर भविष्य बताने वाला, उन्वान - शीर्षक, इक्तिबास -
citation, महव-ए-यास - ग़म में डूबा हुआ, पुर-आस - उम्मीद से भरा हुआ,
नीम-पोशीदा - थोड़ा छुपा हुआ, ख़िलाफ़-ए-क़ियास - अनुमान के परे

कभी तो ऐसा हो तेरा

कभी तो ऐसा हो तेरा साया न हो मेरे ख़याल पर मेरा ख़याल बस मेरा हो
कभी तेरे तसव्वुर के बिना भी पलके मुँदू ना ख़्वाब हो आँखों में तेरा जब सवेरा हो

काश मेरे अल्फ़ाज़ के ज़ख़्म हो तेरे बदन पर और तेरी हर आह में मेरी दास्ताँ
तराशुं हर्फ़-ब-हर्फ़ तेरे जिस्म पर नज़्म-ए-हसरत कलाम-ए-पाक तू मेरा हो

ऐसी भी क्या जल्दबाज़ी थी ज़ुल्म-ओ-जब्र को अपने अंजाम तक लाया तो होता
आओ अब समेट ले ये सारा ज़र-ए-एहसास शायद कुछ आरास्ता तो कुछ बिखेरा हो

तारीक रातों के ज़हर-आलूदा साए नागिन की तरह उतरते है दीवारों से डसने के लिए
सुनता हूँ ऐसे आह-ए-नीम-शबी जैसे दिल ए ख़ाना-ख़राब में छुपा कोई सपेरा हो

अच्छा है जो चलती रहे ये इश्क़ ओ मोहब्बत की बाते कहाँ छेड़े ये ख़यालात-ए-ला-ताइल
हमसे क्या हो सका मोहब्बत में अब ना ये सवाल तुम्हारा हो ना जवाब मेरा हो

*** *** ***

नज़्म-ए-हसरत - उत्कण्ठा की कविता, कलाम-ए-पाक - पवित्र ग्रंथ, ज़ुल्म-ओ-
जब्र - अत्याचार, ज़र-ए-एहसास - एहसास की दौलत, आरास्ता - सजाया हुआ,
आह-ए-नीम-शबी - विरह में निकली हुई आह, ख़यालात-ए-ला-ताइल - व्यर्थ विचार

इक नज़्म

साया मेरा

तन्हा फिरता हैं सड़कों पर साया मेरा अब
आज कल हमारी बनती नहीं हैं आपस में

हैं अक्स मेरा फिर भी मुझसे इतना जुदा कैसे
जिस्म का लिबास ना कैद नफ़्सानी ज़रूरतो में
है तकरार मेरी उससे एक और ज़रा सी बात पर
ना दर्द मेरे लेता है ना शरीक है मेरी खुशियों में

वो कहता है वक़्त के साथ वो रंग नहीं बदलता
मेरे साथ ही होता है चाहे जितनी कड़ी धूप में
शिकायत उसे भी है की मैने कोई साज़िश की है
और घर बना लिया है अब ग़म के अंधेरों में

तन्हा फिरता है सड़कों पर साया मेरा अब
आज कल हमारी बनती नहीं हैं आपस में

निकला हूँ तुम्हारे दिल से

निकला हूँ तुम्हारे दिल से हसरत-ए-नाकाम होकर
मैं बाज़ार में आया भी तो बे-ज़र-ओ-बे-दाम होकर

उसके घर से गुज़र होता है तो पांव धीमे नहीं होते अब
ख्वाहिशें लौटी हैं उस राह-गुज़ार पर दो-गाम होकर

जुगनू फ़ितरतन चमकता है न दा'वा-ए-नूर-ए-ख़ुर्शीद
रौनक़-ए-बज़्म परवाना जले गोया चराग़ ए शाम होकर

हासिल क्या इश्क़ में गिरने से उठकर देखो मोहब्बत में
ऐसे तो क्या फिर लुत्फ़ असीर-ए-रविश-ए-'आम होकर

ना उम्मीदी की तसल्ली नही शिकस्त का सुकून भी नहीं
हौसला रख होगा क्या नाकाम होने से पहले नाकाम होकर

****

हसरत-ए-नाकाम - असफल इच्छा, बे-ज़र-ओ-बे-दाम - कंगाल और निशुल्क, दो-गाम - दो कदम चलना, नूर-ए-ख़ुर्शीद - सूर्य की रोशनी, रौनक़-ए-बज़्म - महफ़िल की रौनक, गोया - जैसे, असीर-ए-रविश-ए-'आम - ऐसा शख़्स जो आम लोगो का तरीका अपनाता हो,

अना का मेरी वह कुछ

'अना का मेरी वह कुछ ऐसे भुगतान दे जाता हैं
मस्लहत ले जाता है मेरी और ईमान दे जाता हैं

हस्ती ए गुरेज़ाँ को आब ए हयात मिल जाए जैसे
'उम्र-ए-ख़िज़्र में ऐसे अजल के अरमान दे जाता हैं

पुर्सिश-ए-अहवाल होता हैं मुग्घम सी बातों में उसकी
ए'तिराफ़-ए-मोहब्बत का हल्का सा इम्कान दे जाता हैं

कुछ अजीब बात होती हैं जब से भुलाया हैं उसने मुझे
अदीब हर दास्तान-ए-ग़म को मेरा उनवान दे जाता हैं

यूँ तो ज़हीन हैं वह कारोबार ओ तिजारत में लेकिन
'इश्क़-ए-सादिक़ में जज़्बात का तावान दे जाता हैं

***

'अना - स्वाभिमान, मस्लहत - स्वार्थ देखकर निर्णय करना, हस्ती ए गुरेज़ाँ - तेज़ी से खत्म होती हुई जिंदगी, आब ए हयात - अमृत, उम्र-ए-ख़िज़्र - कभी न खत्म होने वाली जिंदगी, अजल - मौत, पुर्सिश-ए-अहवाल - हाल चाल पूछना, मुग्घम - गोलमोल करके कही हुई बात, ए' तिराफ़-ए-मोहब्बत - प्यार का इज़हार , इम्कान - संभावना, अदीब - लेखक, उनवान - शीर्षक, कारोबार ओ तिजारत - व्यापार, 'इश्क़-ए-सादिक़ - सच्चा प्यार, तावान - जुर्माना

असर-ए-इश्क़ में ऐसे भी

असर-ए-इश्क़ में ऐसे भी हद से गुजरता हूँ कभी कभी
हूँ दश्त-ए-नवर्द लेकिन फूलों सा महकता हूँ कभी कभी

इक तुम्हीं रह गए थे जहाँ में मोहब्बत करने के लिए
अपने हौसले पर ख़ुद को हैरत से तकता हूँ कभी कभी

लफ्ज़ कलम से निकलते नहीं ख़याल गुज़र जाता हैं
अश्क बनकर कागज़ पर फिर छलकता हूँ कभी कभी

इन जगमाती जागती सड़कों की मंज़िल-ए-आराम नही
संग ए मजाज़ नाशाद ओ नाकारा भटकता हूँ कभी कभी

शब ओ रोज़ ओ माह ओ साल की ज़र-ए-क़ीमत एक सी
वक़्त ए हिज्र का हिसाब करने से झिझकता हूँ कभी कभी

***

दश्त-ए-नवर्द - रेगिस्तान में आवारा घूमने वाला, मंज़िल-ए-आराम - आराम करने का ठिकाना, संग ए मजाज़ - मजाज़ (शायर) के साथ, नाशाद ओ नाकारा - हताश और निकम्मा, शब ओ रोज़ ओ माह ओ साल - दिन रात महीने और साल, ज़र-ए-क़ीमत - अदा की जाने वाली रकम, वक़्त ए हिज्र - अकेलेपन में बिताया हुआ समय

इक नज़्म

अक्सर ये भी हुआ है किसी खाली से दिन में
हर लम्हा गिन गिनकर डाला है जिया ही नहीं
खाली हुआ वक़्त का झोला तो पलटाया है उसे
ये कमबख़्त हरीस दिन फिर भी पूरा भरा ही नहीं

***

हरीस - लालची

वो कहते हैं उन्हें अब

वो कहते हैं उन्हें अब हमसे 'इश्क़ नहीं हैं
ज़रा से झूठे हैं वो और कोई बात नही हैं

बिछड़ गए हो तो जिंदा कैसे हो अब तक ?
क्या कहे अब उनका ये सवाल भी सही हैं

वक़्त तेरे साथ गुज़रा वो तमाम बस मेरा था
लम्हात मेरे अब कोई भी तेरे बाद नही हैं

नज़रों से ओझल हैं वह अभी, ये और बात हैं
यकीन मानिए सच कहता हूँ वह यहीं कही हैं

ऐसा नहीं हैं कि वह याद नहीं हैं "निशांत"
अजीब बात हैं ना जाने क्यूँ दिल शाद नही हैं

***

शाद - खुश

इक नज़म

एक ही ख़्वाब कई बार देखा हैं मैने

अक्सर देखा है मैंने उसे ड्रॉइंग रूम में अपने
हाथो में चाय का कप लिए खिड़की के पास
हर याद के साथ एक सिगरेट बुझाती है ऐश ट्रे में

दोपहर में जब कोई नहीं होता है घर में तो फुरसत में
खुर्सी पर खड़ी होकर बंद घड़ी के काटे घुमाती है
मैं पास खड़ा होता हूँ के पैर फिसले तो थाम लू कमर से

या कभी गुसलखाने से नंगे भीगे कदमों से गुजरती है
तो गीले तौलिए में लिपटी हुई ऐसी नज़र आती है जैसे
पहली बारिश में संग-ए-मरमर का ताजमहल धुला हो

एक ही ख़्वाब कई बार देखा हैं मैने

क्या जाकर देखे दर तक

क्या जाकर देखे दर तक किस हाल में हैं बेचारे संग दिल
और कैसे होगे तुम्हारी ही तरह हैं आशिक तुम्हारे संग दिल

इस कदर तंग-दिल हैं कारोबार ए उल्फ़त का बाज़ार इन दिनों
मुफ़लिसी हैं जज़्बात की और गाहक भी सारे संग - दिल

बहुत हसरत से चली थी सफ़ीना-ए-हस्ती साहिल की तरफ
पोशीदा थे कश्ती-बान के इरादे लेकिन और किनारे संग दिल

ग़म ए यार मिलाते हैं अब शराबों में जो सोहबत ए यार नहीं
रिंद नासेह बने फिरते हैं अब और साकी भी सारे संग दिल

पत्थर ही तो था वो "निशांत" खुदा बनाया जिसे तेरे इश्क़ ने
अब क्या सोचे क्यूं, कब, कैसे हो गए सारे तेरे सहारे संग दिल

***

संग दिल - पत्थर दिल, तंग-दिल - कंजूस, कारोबार ए उल्फ़त - प्यार का व्यापार, मुफ़लिसी - गरीबी, गाहक - ग्राहक, खरीदार, सफ़ीना-ए-हस्ती - जिंदगी की कश्ती, साहिल - किनारा, पोशीदा - छुपे हुए, कश्ती-बान - नाव चलाने वाला, सोहबत - संगत, रिंद - शराबी, नासेह - प्रवचन देने वाला, साकी - शराब पिलाने वाला,

अकेले शेर

क्या क्या बक रहा हूँ वहशत ए इश्क़ में हक़ीक़त नहीं वहम हो सब ख़ुदा करे
जुनून मेरा बढ़कर मेरी शोहरत ना बने बस इतना सा करम हो अब ख़ुदा करे

दाब-ए-महफ़िल के ख़ौफ़ से हर्फ़-ए-ज़ेर-ए-लब का बोझ उठाए फिरते हैं
होंटों पर सजाकर गुनगुना ले हमे वह गर माइल-ब-करम ओ लब जुदा करे

***

दाब-ए-महफ़िल - सभा के रीति रिवाज, हर्फ़-ए-ज़ेर-ए-लब - वह बात जो मन ही
मन में कही हो, माइल-ब-करम - दया की ओर प्रवृत्त,

***

थामा है वो चेहरा हाथों को रेहल बनाकर मैं नमाज़ी हूँ उसका और कुरान हैं वह मेरी
अपनी दुआओं में सदाए सुनता हूं उसकी हैं हम-आवाज़ वह मेरी अज़ान है वह मेरी

सितारों को तोड़ने की हवस

सितारों को तोड़ने की हवस में ये सितम कर बैठे
एक जुगनू हमसफ़र था उसे भी बे-करम कर बैठे

जुनूँ तारी था संग-ए-मंज़िल पर तेरा नाम लिखे
निकला जो ख़ूँ तो उंगलियों को क़लम कर बैठे

ठोकर से उड़ाते थे जिन्हें कभी ख़ाक समजकर
तेरे इश्क़ मे अब उन पत्थरों को भी सनम कर बैठे

इस राहगुजर पर रफ़ीक़-ए-सफ़र नजर नहीं आता
हम ए'तिमाद-ए-सफ़र को ही हम-क़दम कर बैठे

तलाश-ए-मा'नी-ए-हस्ती में ख़ता हो गई कुछ ऐसी
ख़ुदावंद हो गए हम ये जिस्म दैर ओ हरम कर बैठे

***

संग-ए-मंज़िल - मंजिल का पता देने वाला पत्थर, रफ़ीक़-ए-सफ़र - यात्रा का साथी, ए'तिमाद-ए-सफ़र - अपने सफर पर यकीन, हम-क़दम - साथ चलने वाला, तलाश-ए-मा'नी-ए-हस्ती - खुद के अस्तित्व की खोज, ख़ुदावंद - ईश्वर, दैर ओ हरम - मंदिर और मस्ज़िद

हजारों रंग हैं शामिल

हजारों रंग हैं शामिल उसकी तस्वीर में रश्क करती हैं बहार भी उसके नाम से
रंगीनियो में डूब जाता हैं मंज़र सारा निकलती हैं जब सँवर कर सरे- शाम से

था कभी हौसला के बदलेंगे चलन ज़माने का हमारी कलम से एक ना एक दिन
मसरूफ़ रहते हैं अब दिनभर हिसाब-दारी में हम काम रखते हैं अब अपने काम से

उसकी चाप से बज़्म में शम्मे वफा जलती हैं तसव्वुर से रोशन हुआ जाता हैं हर चिराग
जमाल- ए- यार कुछ ऐसा हैं कि चाँद घर लौटता हैं और परवाने निकलते हैं शाम से

एक वो दिन जब उसके पैक-ए-तसव्वुर से मजरूह बने फिरते थे सारे शहर में
एक ये दिन जब तरसते है करार मिल जाए जो खंजर निकले उसके नियाम से

'अजीब दौर चला है जमहूरीयत का वज़ीर-ए-आ' ज़म अब हादी ए आमिराना-हुकूमत हैं
सियासत सर के बल खड़ी है यहां पर अब ख़वास सवाल करते है 'अवाम से

* * *

रश्क - जलन, सरे- शाम - सूरज डूबते समय, ईर्ष्या, जमाल- ए- यार - चेहरे का
नूर, हिसाब-दारी - जिंदगी का हिसाब किताब, पैक-ए-तसव्वुर - कल्पना का तीर,
मजरूह - ज़ख्मी, नियाम - खंजर रखने का कवच, वज़ीर-ए-आ'ज़म - प्रधानमंत्री,
हादी ए आमिराना-हुकूमत - तानाशांही सरकार का नेता, जमहूरीयत - लोकतंत्र,
ख़वास - चुने हुए लोग, अवाम - जनता

अकेले शेर

दैर-ओ-हरम से वफ़ा निभा चुके अब हुक्मरानों को भी खुश कर ले
बाँट चुके है चाँद तो हम पहले ही अब इस परचम के रंग भी बाँट ले

***

परचम - झंडा

******

मरता हूँ जीने की उम्मीद में कुछ इस तरह
साहिल पर आकर लहरें टकराती हैं जैसे

******

आँखें भर आती है लेकिन ज़ख्म ये भरते नहीं
कौन से मरज़ की क्या दवा है लोग समझते नहीं

अकेले शेर

रात भर जलती रही तेरी याद सिगरेट की तरह
चाँद का ashtray बनाकर बुझाते रहे उसे हम

आज अमावस हैं आज की रात ये घर जलाएगी

******

जिसे तुझसे इश्क़ ना हुआ
वो जिया ना जिया क्या हुआ

******

ना जाने अब कैसे कटे कहाँ गुज़रे ये ज़िन्दगी
इश्क़ ने बे घर किया और वह अपना नहीं कहते

कुछ अंदाज़ा हैं तुम्हे

कुछ अंदाज़ा हैं तुम्हे कि क्या गुजरती हैं कैसा लगता है ?
बिना बताए चले जाते हो, जाके बताऊं कैसा लगता है ?

याद आती हैं मेरी तो माथे से लटे उड़ाती हैं ख़फ़ा होकर
होठों से अपने सांसे फूंक रही हैं मुझमें कुछ ऐसा लगता हैं

चश्म-ए-तर दिखाती हैं तिश्ना-लब को सराब जाने कैसे कैसे
मुश्त-ए-ग़ुबार ख़ुद-रफ़्ता को मौज ए दरिया जैसा लगता हैं

वफ़ा अपनी सब दे गई जाते जाते मेरी सारी ख़ता रख ली
ऐसा इश्क़ भी कोई करता हैं क्या बावरी हैं ऐसा लगता हैं

हैराँ हूँ कैसे मुझे भुलाकर भी तमाम उम्र वो बस मेरा ही रहा
'उम्र-ए-गुज़श्ता का पल अटका हैं शायद ऐसा लगता हैं

****

चश्म-ए-तर - भीगी आखें, तिश्ना-लब - प्यासे होंठ, सराब - भ्रम, मुश्त-ए-ग़ुबार -
मुठ्ठी भर धूल, ख़ुद-रफ़्ता - जो अपने आप में न हो, भ्रमिष्ठ, मौज ए दरिया - सागर
की लहर, 'उम्र-ए-गुज़श्ता - बीती हुई जिंदगी

आँखें मुस्कुराए जब आए

आँखें मुस्कुराए जब आए होठों पर नाम उसका
यूँ मेरी शख़्सियत सजाना भी हैं काम उसका

हर शाम सूरज जान देता है नाकामी ए वस्ल में
हर रात खिली हुई चांदनी लाती हैं पैग़ाम उसका

उसके जलवों से हैं शर्मसार लैला भी शिरीन भी
क़ैस करता है सजदे उसके फ़रहाद ग़ुलाम उसका

ख़ुदा भी आसमाँ से उतरता हैं उम्मीद ए दीदार में
ख़ुदा जाने अब इश्क़ में क्या होगा अंजाम उसका

तस्वीर में आंच बदन की ना खुशबू साँसों की ढली
और नादान हर चेहरा बना हैं बेवजह हमनाम उसका

***

कैस- मजनू का एक नाम, हमनाम - एक जैसे नाम वाले

ग़म ना हो ज़ेवर हो जैसे

ग़म ना हो ज़ेवर हो जैसे ऐसे इफ़्तिख़ार करती हैं
सँवरती है तो ग़म-ए-हयात को शर्मसार करती हैं

पारा पारा हुआ जाता हैं ज़िन्दगी का पैराहन लेकिन
गुरूर ए त'अल्ली से मुश्किलों का हाल-ए-ज़ार करती हैं

कभी ख़िज़ाँ, कभी बहार, अब्र ओ शब ए महताब कभी
तबियत करवट लेती हैं तो ये जलवे कभी कबार करती हैं

सिलसिला चलता हैं जब तकरार का वस्ल की रातों में
मुझे मनाने के लिए वो सच्चे झूठे वादे बेशुमार करती हैं

चलो ये किस्सा भी तमाम हुआ कहने को कुछ बचा नही
फिर क्यूं उसकी याद ज़ेर-ए-तसनीफ़ बार बार करती हैं

***

इफ़्तिख़ार - गर्व, नाज़, ग़म-ए-हयात - ज़िंदगी का ग़म, पारा पारा - टुकड़े टुकड़े,
पैराहन - लिबास, गुरूर ए त'अल्ली - खुदके बड़प्पन का गुरूर, हाल-ए-ज़ार - बुरी
हालत करना , दुर्दशा करना , ख़िज़ाँ - पतझड़ का मौसम, अब्र ओ शब ए महताब
- बादलों की रात और कभी चांदनी रात, वस्ल - मिलन, ज़ेर-ए-तसनीफ़ - किताब
जिसकी रचना की जा रही हो

मन्नतों के सराब अब

मन्नतों के सराब अब अज़ीज़ होने लगे हैं ताबीज़ बंधवाता हूँ और चादर भी चढ़ाता हूं कभी
वो खुदा हैं मेरा हैं कायनात ए नूर हबीब मेरा मिल जाए मुझे ये सोचकर हाथ बढ़ाता हूँ कभी

वो धनक हैं अपने हुस्न ए किरदार का नक़्श अता करती हैं आसमाँ को पैरहन देकर
वाकिफ हूँ मैं तफ़रीक़-ए-'आम-ओ-ख़ास से पर फलक को जमीं के किनारे से यूंही मिलाता
हूँ कभी

अपने हौसले अपनी तलब से इंतिखाब किया था कभी तो हुस्न को शिकायत थी तंगहाली की
बा'इस-ए-गर्मी-ए-बाज़ार न बन जाऊ इसलिए तहज़ीब ए अख़लाक़ की कीमत भी गिराता
हूँ कभी

अक्सर जब ऐसी लंबी बहर की ग़ज़ल में उलझ जाता हूँ तो मिसरा पूरा करने के लिए
अपने ही किसी पुराने अशआआ'र की शक्ल बदलकर अपनी 'अय्यारी आज़माता हूँ कभी

*** *

सराब - भ्रम, धनक - इंद्रधनुष, हुस्न ए किरदार - अच्छे चरित्र का, नक्श - चेहरा,
पैरहन - लिबास, तफरीक ए आम ओ खास - आम और खास के बीच का फर्क,
इंतिखाब - चुनाव करना, बा'इस-ए-गर्मी-ए-बाज़ार - वो वजह जिसकी वजह से
बाज़ार में चीज़ों की क़ीमत बढ़ती हैं

अकेले शेर

ऐसा आसान नही इश्क़ में सुख़न-वर होना
सियाही बनकर लहू टपकता है कलम से

***

सुख़न-वर - शायर

******

सारे शिकवे सारे गिले भी अब पराए हुए
बैठे है अब नए दर्द के लिए घर सजाए हुए

******

मेरी तन्हाई को उसकी ख़ामोशी भर देती है
ज़माने के शोर ओ गुल से अब महफूज़ हूँ मैं

अकेले शेर

इक ही तो दिल है और कितनी बार तोड़ोगी
रहने दो छोड़ो, थक जाओगी, हार जाओगी

******

हर्फ ए ग़लत समझकर मिटाते हैं लोग मुझे मेरे उसूलों को अब नई क़लम चाहिए
मेरा वजूद है खोया अपनी ही जुस्तजू में मंज़िल ना सही मुकम्मल एक भरम चाहिए

******

यूँ ही तो नहीं ठहरे है ग़म दिल में अजल से
मेहमान नवाज़ी हमारी रास आ गई होगी

***

अजल - अनादिकाल से

इक नज़म

मंज़र

दीवारों से हाथ उतरते है पनाह देने के लिए
दरवाज़े पर कतार लगाए यादें खड़ी होती है
उम्मीदें झाँकती है खुली दरीचो की आड़ से
और ज़मीं पर रेंगती हुईं ख्वाहिशें दम तोड़ती है

जब भी घबराकर उठा हूं किसी अधूरे ख्वाब से
मेरे कमरे में ये मंज़र लिए रात खड़ी होती हैं

इक नज़म

बयान करती है वो कुछ इस तरह जज़्बात अपने
कागज़ से ख़ून टपकता हैं जमा होता है ज़मीन पर
चेहरे सारे सुर्ख़ नज़र आते हैं मायूस किरदारों के
लहू से लिपटी हुई कहानियाँ दम तोड़ती हैं दामन पर
सूखने लगता हैं जब तो रगों को ज़ख्मी करता है
ज़मीन पर पड़ा हुआ वो खून सांस लेने लगता है
जिगर में इतनी ताकत कहा के पढ़ कर समझ सकू
नश्तर की तरह लाल लफ्ज़ चुभने लगते है आंखों में

अंजाम तक आती है जब कहानी तो ये आलम होता है
तमाम सफहे किताब के लावारिस से घूमते हैं कमरे में

www.ingramcontent.com/pod-product-compliance
Lightning Source LLC
Chambersburg PA
CBHW022056150726
47990CB00003B/1109